Min tospråklige bildebok
Il mio libro illustrato bilingue

Sefas vakreste barnehistorier i ett bind

Ulrich Renz • Barbara Brinkmann:

Sov godt, lille ulv · Dormi bene, piccolo lupo

For barn fra 2 år

Cornelia Haas • Ulrich Renz:

Min aller fineste drøm · Il mio più bel sogno

For barn fra 2 år

Ulrich Renz • Marc Robitzky:

De ville svanene · I cigni selvatici

Etter et eventyr av Hans Christian Andersen

For barn fra 5 år

© 2024 by Sefa Verlag Kirsten Bödeker, Lübeck, Germany. www.sefa-verlag.de

Special thanks to Paul Bödeker, Freiburg, Germany

All rights reserved.

ISBN: 9783756305117

Les · Lytt · Forstå

Sov godt, lille ulv
Dormi bene, piccolo lupo

Ulrich Renz / Barbara Brinkmann

norsk — tospråklig — italiensk

Oversettelse:

David Immanuel Glathe (norsk)

Margherita Haase (italiensk)

Lydbok og video:

www.sefa-bilingual.com/bonus

Gratis tilgang med passordet:

norsk: **LWNO2324**

italiensk: **LWIT1829**

God natt, Tim! Vi fortsetter å lete i morgen.
Sov godt nå!

Buona notte, Tim! Domani continuiamo a cercare.
Adesso però dormi bene!

Utenfor er det allerede mørkt.

Fuori è già buio.

Hva holder Tim på med der?

Ma cosa fa Tim?

Han går ut til lekeplassen.
Hva leter han etter?

Va al parco giochi.
Che cosa sta cercando?

Lille ulv!

Uten den kan han ikke sove.

Il piccolo lupo.

Senza di lui non riesce a dormire.

Hvem er det som kommer der?

Ma chi sta arrivando?

Marie! Hun leter etter ballen sin.

Marie! Lei sta cercando la sua palla.

Og hva er det Tobi leter etter?

E Tobi cosa cerca?

Gravemaskinen sin.

La sua ruspa.

Og hva er det Nala leter etter?

E cosa cerca Nala?

Dukken sin.

La sua bambola.

Burde ikke barna vært i seng?
Katten undrer seg.

Ma i bambini non devono andare a letto?
Il gatto si meraviglia.

Hvem er det som kommer der?

E adesso chi sta arrivando?

Mammaen og pappaen til Tim!
De får ikke sove uten Tim-en sin.

La mamma e il papà di Tim.
Senza il loro Tim non riescono a dormire.

Og der kommer det enda flere! Marie sin pappa.
Tobis bestefar og Nala sin mamma.

Ed ecco che arrivano anche altri!
Il papà di Marie. Il nonno di Tobi. E la mamma di Nala.

Nå er det rett til sengs!

Ma adesso svelti a letto!

God natt, Tim!
I morgen trenger vi ikke lete likevel.

Buona notte, Tim!
Domani non dobbiamo più cercare.

Sov godt, lille ulv!

Dormi bene, piccolo lupo!

Cornelia Haas • Ulrich Renz

Min aller fineste drøm
Il mio più bel sogno

Oversettelse:

Werner Skalla, Jan Blomli, Petter Haaland Bergli (norsk)

Clara Galeati (italiensk)

Lydbok og video:

www.sefa-bilingual.com/bonus

Gratis tilgang med passordet:

norsk: **BDNO2324**

italiensk: **BDIT1829**

Min aller fineste drøm
Il mio più bel sogno

Cornelia Haas · Ulrich Renz

norsk — tospråklig — italiensk

Lulu får ikke sove. Alle andre drømmer allerede – haien, elefanten, den lille musa, dragen, kenguruen, ridderen, apen, piloten. Og løveungen. Til og med bamsen kan nesten ikke holde øynene åpne ...

Du bamse, kan du ta meg med inn i drømmen din?

Lulù non riesce ad addormentarsi. Tutti gli altri stanno già sognando – lo squalo, l'elefante, il topolino, il drago, il canguro, il cavaliere, la scimmia, il pilota. E il leoncino. Anche all'orso stanno crollando gli occhi ...

Ehi orso, mi porti con te nel tuo sogno?

Og med det er Lulu allerede i bamsenes drømmeland. Bamsen fanger fisk i Tagayumisjøen. Og Lulu lurer på hvem som bor der oppe i trærne? Når drømmen er over, vil Lulu oppleve enda mer. Bli med, vi skal hilse på haien! Hva drømmer han om?

E così Lulù è già nel paese dei sogni degli orsi. L'orso cattura pesci nel lago Tagayumi. E Lulù si chiede chi potrebbe mai vivere là su quegli alberi? Quando il sogno è finito, Lulù vuole provare qualcos'altro. Vieni, andiamo a trovare lo squalo! Che cosa starà sognando?

Haien leker sisten med fiskene. Endelig har han venner! Ingen er redde for de spisse tennene hans.

Når drømmen er over, vil Lulu oppleve enda mer. Bli med, vi skal hilse på elefanten! Hva drømmer han om?

Lo squalo sta giocando ad acchiapparella con i pesci. Finalmente ha degli amici! Nessuno ha paura dei suoi denti aguzzi.
Quando il sogno è finito, Lulù vuole provare qualcos'altro. Venite, andiamo a trovare l'elefante! Che cosa starà sognando?

Elefanten er lett som en fjær og kan fly! Snart lander han på skyene.
Når drømmen er over, vil Lulu oppleve enda mer. Bli med, vi skal hilse på den lille musa! Hva drømmer hun om?

L'elefante è leggero come una piuma e può volare! Sta per atterrare sul prato celeste.

Quando il sogno è finito, Lulù vuole provare qualcos'altro. Venite, andiamo a trovare il topolino! Che cosa starà sognando?

Den lille musa ser seg om på tivoli. Hun liker best berg- og dalbanen. Når drømmen er over, vil Lulu oppleve enda mer. Bli med, vi skal hilse på dragen! Hva drømmer han om?

Il topolino sta guardando la fiera. Gli piacciono particolarmente le montagne russe.
Quando il sogno è finito, Lulù vuole provare qualcos'altro. Venite, andiamo a trovare il drago! Che cosa starà sognando?

Dragen er tørst etter å ha sprutet ild. Helst vil han drikke opp hele sjøen med brus.

Når drømmen er over, vil Lulu oppleve enda mer. Bli med, vi skal hilse på kenguruen! Hva drømmer han om?

Il drago, a furia di sputare fuoco, ha sete. Gli piacerebbe bersi l'intero lago di limonata.

Quando il sogno è finito, Lulù vuole provare qualcos'altro. Venite, andiamo a trovare il canguro! Che cosa starà sognando?

Kenguruen hopper gjennom godterifabrikken og stapper pungen sin full. Enda flere av de blå dropsene! Og enda flere kjærlighet på pinne! Og sjokolade!

Når drømmen er over, vil Lulu oppleve enda mer. Bli med, vi skal hilse på ridderen! Hva drømmer han om?

Il canguro sta saltando nella fabbrica di dolciumi e si riempe il marsupio.
Ancora caramelle blu! E ancora lecca-lecca! E cioccolata!
Quando il sogno è finito, Lulù vuole provare qualcos'altro. Venite, andiamo a trovare il cavaliere! Che cosa starà sognando?

Ridderen er i kakekrig mot drømmeprinsessen sin. Oi! Kremkaken bommer!

Når drømmen er over, vil Lulu oppleve enda mer. Bli med, vi skal hilse på apen! Hva drømmer han om?

Il cavaliere sta facendo una battaglia di torte con la principessa dei suoi sogni. Oh! La torta alla panna va nella direzione sbagliata!
Quando il sogno è finito, Lulù vuole provare qualcos'altro. Venite, andiamo a trovare la scimmia! Che cosa starà sognando?

Endelig har snøen kommet til apelandet! Hele apegjengen er ute og gjør apestreker.

Når drømmen er over, vil Lulu oppleve enda mer. Bli med, vi skal hilse på piloten! I hvilken drøm har han landet?

Finalmente ha nevicato in Scimmialandia! L'intera combriccola di scimmie non sta più nella pelle e si comportano tutte come in una gabbia di matti. Quando il sogno è finito, Lulù vuole provare qualcos'altro. Venite, andiamo a trovare il pilota! In che sogno potrebbe essere atterrato?

Piloten flyr og flyr. Til verdens ende, og videre helt til stjernene. Ingen pilot har klart dette før ham.
Når drømmen er over, er alle veldig trøtte og vil ikke oppleve så mye mer.
Men løveungen vil de likevel hilse på. Hva drømmer han om?

Il pilota vola e vola ancora. Fino ai confini della terra e ancora più lontano, fino alle stelle. Non ce l'ha fatta nessun altro pilota.
Quando il sogno è finito, sono già tutti molto stanchi e non vogliono più continuare a provare così tanto. Però il leoncino, vogliono ancora andare a trovarlo. Che cosa starà sognando?

Løveungen har hjemlengsel og vil tilbake til den varme, deilige senga si. Det vil de andre også.

Og da begynner …

Il leoncino ha nostalgia di casa e vuole tornare nel caldo, accogliente letto.
E gli altri pure.

E là inizia ...

... Lulus
aller fineste drøm.

... il più bel sogno
di Lulù.

Ulrich Renz • Marc Robitzky

De ville svanene
I cigni selvatici

Oversettelse:

Ursula Johanna Aas (norsk)

Emanuele Cattani, Clara Galeati (italiensk)

Lydbok og video:

www.sefa-bilingual.com/bonus

Gratis tilgang med passordet:

norsk: **WSNO2324**

italiensk: **WSIT1829**

Ulrich Renz · Marc Robitzky

De ville svanene

I cigni selvatici

Etter et eventyr av

Hans Christian Andersen

norsk   tospråklig   italiensk

Det var en gang tolv kongsbarn – elleve brødre og en storesøster. Hun het Elisa. De levde lykkelig i et vidunderlig slott.

C'erano una volta dodici figli di un re – undici fratelli ed una sorella più grande, Elisa. Vivevano felici in un bellissimo castello.

En dag døde moren, og en stund senere giftet kongen seg på nytt. Men den nye konen var en ond heks. Hun forhekset de elleve prinsene til svaner og sendte dem langt av gårde, til et fjernt land på den andre siden av den store skogen.

Un giorno la madre morì, e poco tempo dopo il re si risposò. La nuova moglie però era una strega cattiva. Con un incantesimo, trasformò gli undici principi in cigni e li mandò molto lontano, in un Paese al di là della grande foresta.

Jenta kledde hun i filler og smurte ansiktet hennes inn med en stygg salve, slik at hennes egen far ikke lenger kjente henne igjen og jaget henne ut fra slottet. Elisa løp inn i den mørke skogen.

Vestì la ragazza di stracci e le spalmò sul volto un orribile unguento, tanto che nemmeno il padre riuscì più a riconoscerla e la cacciò dal castello. Elisa corse nella foresta tenebrosa.

Nå var hun helt alene og lengtet av hele sitt hjerte etter sine forsvunne brødre. Da det ble kveld, lagde hun seg en seng av mose under trærne.

Ora era completamente sola, e desiderava con tutto il cuore rivedere i suoi fratelli scomparsi. Quando venne la sera, si fece un letto di muschio sotto un albero.

Neste morgen kom hun til en blikkstille innsjø og ble forskremt da hun så speilbildet sitt i vannet. Etter at hun hadde fått vasket seg, ble hun det vakreste kongsbarn på jorden.

La mattina dopo giunse ad un lago calmo, e rimase sconcertata nel vedere il proprio riflesso nell'acqua. Ma appena si pulì, divenne la più bella principessa sulla faccia della terra.

Etter mange dager kom hun fram til havet. På bølgene gynget elleve svanefjær.

Molti giorni dopo, Elisa raggiunse il grande mare. Tra le onde, oscillavano undici piume di cigno.

Ved solnedgang kjentes et brus i luften, og elleve ville svaner landet på vannet. Elisa gjenkjente sine forheksede brødre med en gang. Men fordi de bare snakket svanespråket, kunne hun ikke forstå dem.

Quando il sole tramontò, ci fu un fruscio nell'aria, e undici cigni si posarono sull'acqua. Elisa riconobbe immediatamente i propri fratelli stregati. Ma dato che parlavano la lingua dei cigni, lei non li poté capire.

Om dagen fløy svanene bort, men om natten krøp alle søsknene tett sammen i en grotte.

En natt drømte Elisa noe merkelig: Moren hennes fortalte henne hvordan hun kunne befri brødrene sine. Av brennesle skulle hun strikke en skjorte til hver svane og kaste dem over dem. Men fram til da måtte hun ikke si et eneste ord, ellers ville brødrene hennes dø.
Elisa startet å arbeide med en gang. Selv om hendene hennes sved som ild, strikket hun iherdig videre.

Durante il giorno i cigni volavano via, e la notte si accoccolavano tutti assieme alla sorella in una grotta.

Una notte, Elisa fece uno strano sogno. Sua madre le disse come avrebbe potuto liberare i suoi fratelli. Avrebbe dovuto tessere delle camicie di ortiche per ognuno di loro e poi lanciargliele. Fino a quel momento però, non le era concesso dire una sola parola, altrimenti i suoi fratelli sarebbero morti.
Elisa si mise immediatamente al lavoro. Sebbene le mani le bruciassero, continuò a tessere senza stancarsi.

En dag lød det jakthorn i det fjerne. En prins kom ridende med følget sitt, og om ikke lenge sto han foran henne. De ble forelsket i hverandre ved første blikk.

Un giorno, si sentirono corni da caccia in lontananza. Un principe venne cavalcando con il suo seguito e presto le fu di fronte. Non appena i due si guardarono negli occhi, si innamorarono.

Prinsen løftet Elisa opp på hesten sin og red med henne til slottet sitt.

Il principe fece salire Elisa sul cavallo e la condusse al proprio castello.

Den mektige skattmesteren var ikke særlig begeistret for den tause skjønnhetens ankomst. Han hadde tenkt seg sin egen datter som brud for prinsen.

Il potente tesoriere fu tutto fuorché felice dell'arrivo della principessa muta. La propria figlia sarebbe dovuta diventare la sposa del principe.

Elisa hadde ikke glemt brødrene sine. Hver kveld jobbet hun videre med skjortene. En natt gikk hun ut på kirkegården for å hente frisk brennesle. Skattmesteren hold øye med henne i skjul.

Elisa non si era dimenticata dei suoi fratelli. Ogni sera continuava il suo lavoro sulle camicie. Una notte uscì per andare al cimitero a cogliere delle ortiche fresche. Il tesoriere la osservò di nascosto.

Straks prinsen var på en jaktutflukt, kastet skattmesteren Elisa i en celle. Han påsto at hun var en heks, som møtte andre hekser om natten.

Non appena il principe partì per una battuta di caccia, il tesoriere gettò Elisa nelle segrete. Affermò che fosse una strega che si incontrava con altre streghe durante la notte.

I grålysningen neste morgen ble Elisa hentet av vaktene. Hun skulle bli brent på torget.

All'alba, Elisa venne presa da delle guardie, per venir poi bruciata nella piazza del mercato.

Bålet brant allerede lystig da elleve svaner plutselig kom flygende. Fort kastet Elisa en skjorte over hver av dem. Snart sto alle brødrene foran henne, forvandlet tilbake som mennesker igjen. Bare den minste hadde en vinge istedenfor en arm siden skjorten hans ikke hadde blitt helt ferdig.

Non appena fu lì, arrivarono undici cigni bianchi volando. Elisa lanciò rapidamente una camicia a ciascuno di loro. Poco dopo, tutti i suoi fratelli si trovarono dinanzi a lei con sembianze umane. Solo il più piccolo, la cui camicia non era stata del tutto completata, mantenne un'ala al posto di un braccio.

Mens søsknene klemte og kysset hverandre, kom prinsen tilbake. Endelig kunne Elisa forklare ham alt sammen. Prinsens lot den onde skattmesteren settes i fengsel. Deretter feiret de bryllup syv dager til ende.

Og er de ikke døde, så lever de ennå.

I fratelli si stavano ancora baciando e abbracciando quando arrivò il principe. Finalmente Elisa gli poté spiegare tutto. Il principe fece rinchiudere il tesoriere malvagio nelle segrete. Dopodiché, si celebrò il matrimonio per sette giorni.

E vissero tutti felici e contenti.

Hans Christian Andersen

Hans Christian Andersen was born in the Danish city of Odense in 1805, and died in 1875 in Copenhagen. He gained world fame with his literary fairy-tales such as „The Little Mermaid", „The Emperor's New Clothes" and „The Ugly Duckling". The tale at hand, „The Wild Swans", was first published in 1838. It has been translated into more than one hundred languages and adapted for a wide range of media including theater, film and musical.

Barbara Brinkmann ble født i München i 1969 og vokste opp ved foten av de bayerske Alpene. Hun studerte arkitektur i München og er for tiden forskningsassistent. Hun frilanser som grafisk designer, illustratør og forfatter.

Cornelia Haas ble født i nærheten av Augsburg (Tyskland) i 1972. Hun studerte design ved Høgskolen i Münster og avsluttet studiene med diplom. Siden 2001 har hun illustrert barne- og ungdomsbøker. Siden 2013 har hun undervist i akryl- og digitalt maleri ved Høgskolen i Münster.

Marc Robitzky, born in 1973, studied at the Technical School of Art in Hamburg and the Academy of Visual Arts in Frankfurt. He works as a freelance illustrator and communication designer in Aschaffenburg (Germany).

Ulrich Renz ble født i Stuttgart (Tyskland) i 1960. Etter å ha studert fransk litteratur i Paris avsluttet han medisinstudiene i Lübeck og arbeidet som daglig leder i et vitenskapelig forlag. I dag er Renz forfatter. Utover fagbøker skriver han barne- og ungdomsbøker.

Liker du å tegne?

Her finner du alle bildene fra historien til å fargelegge:

www.sefa-bilingual.com/coloring